AF229303

LA PRESSE & LA LECTURE

RAPPORT

Du P. Marin de BOYLESVE, S. J.

A LA SÉANCE PRIVÉE

DU COMITÉ CATHOLIQUE

(DIOCÈSE DU MANS)

25 MAI 1883

LE MANS

LEGUICHEUX-GALLIENNE, IMPRIMEUR-LIBRAIRE

Rue Marchande, et rue Bourgeoise, 16

1883

LA PRESSE ET LA LECTURE

A entendre certains esprits sombres et timides, le mieux serait de supprimer la lecture. — Heureux les peuples qui ne savent pas lire!

Le livre est comme le vin. Qui a bu boira. On débute par un peu de vin, pour raison de santé : *modico vino utere propter stomachum.* Mais la soif vient en buvant. Suit l'ivresse. Alors tout vin est bon, même et surtout le pire.

Or, dit-on, ceci s'applique aux livres. Les bons sont rares. Bientôt ils ne suffisent plus. Le bon livre, d'ailleurs, est trop sage, trop calme, par là même trop fade. Le grand liseur absorbe, il lui faut une lecture qui étonne, qui pique, qui échauffe, qui enivre.

Laissons donc le livre.

Le catéchisme, avec le prône du Dimanche, suffit pour faire un bon chrétien, et par conséquent un honnête homme,

D'ailleurs le monde n'a pas été converti par le livre et par la lecture, mais par la parole et par la prédication. Les apôtres prêchaient : *Nos vero... ministerio verbi instantes erimus* (Actes VI, 4). Jésus-Christ, le Maître n'a pas écrit.

Je réponds :

Le peuple sait lire ; le peuple lit; le peuple lira. Que ce soit ou non un mal, vous ne l'empêcherez pas. Dès lors il est urgent d'offrir, du moins, une lecture saine et sainte. Sinon le peuple, je ne dis pas le peuple qui ne sait pas lire, le peuple qui ne lit pas, mais le peuple qui sait lire et qui veut lire, — et ce peuple-là, il se trouve partout, même dans les campagnes les plus retirées, — ce peuple se jettera sur les livres que lui propose et que lui prodigue la propagande impie et immorale.

Mais serait-il vrai que la vulgarisation de l'alphabet fut un si grand malheur?

Le livre, après tout, n'est que la parole écrite.

Or, la langue est aussi perfide que la plume. La mort peut entrer par l'oreille aussi bien que par les yeux.

Eh bien! supprimerez-vous la parole? Vous n'y songez pas. Ne soyez pas plus sévère à l'égard du livre.

A la langue menteuse et méchante vous opposez la langue vraie et bonne. A la plume libertine et impie, opposez la plume chaste et chrétienne.

L'Église, du reste, par la pratique, a tranché la question. Jamais elle ne pensa que pour le peuple, il valut mieux ne pas savoir lire. Partout et toujours, là où elle fut libre, elle multiplia les écoles, et les écoles *gratuites;* preuve qu'elle voulait apprendre à lire aux classes pauvres, au menu peuple.

Si aujourd'hui tous les Français ne savent pas encore lire, c'est que la Révolution d'hier a fermé les écoles du clergé aussi bien que les temples, c'est que la Révolution d'aujourd'hui, autant qu'elle le peut, en attendant qu'elle puisse de nouveau les abolir entièrement, entrave les écoles que l'Église s'obstine à ouvrir et à rouvrir sans cesse en faveur du pauvre peuple de la ville et de la campagne.

Or, si l'Église autrefois voulut que le peuple sut lire, aujourd'hui plus que jamais elle doit le vouloir et elle le veut.

Pourquoi, en effet, redoutez-vous la lecture pour le peuple? Vous craignez qu'il ne lise des livres impies et immoraux.

Mais vous oubliez que tout ce qu'il peut lire, il peut l'entendre, et que sans cesse et partout il l'entend : A l'atelier, au magasin, dans le wagon, dans la rue, au marché, au cabaret.

Donc, avant d'interdire les livres, sous prétexte qu'il en est de mauvais, coupez les langues, car il en est de bien méchantes.

Vous ne voulez pas que l'enfant du peuple apprenne à lire, défendez-lui donc d'abord d'apprendre la langue qui se parle autour de lui.

Devant une mesure aussi radicale vous hésitez. Eh bien ! je le répète, laissez-nous opposer les bons livres aux mauvais discours aussi bien qu'aux mauvais livres.

On répond : « Le catéchisme suffit à tous les be-« soins de l'ordre moral. Ajoutez-y le prône du diman-« che. Avec cela le peuple n'a que faire de vos livres. »

Assurément tout est dans le catéchisme. Mais le catéchiste le plus habile parviendra difficilement, dans le peu de temps qui lui est accordé, à faire bien entendre à son petit peuple ce tout complet qui doit suffire pour toute la vie.

Puis vient le prône. Mais dégagé des prières et des annonces, le prône dure à peine un quart d'heure. Ce n'est pas en quinze minutes que le prêtre dissipera toutes les insanités que ses ouailles ont entendues pendant la semaine.

Le prône ! hélas ! c'est précisément à l'heure du prône que ceux qui auraient le plus besoin de l'entendre, assistent le verre en main aux déclamations du cabaret.

Comptez les hommes qui, si vous ne trouvez pas le secret de faire parvenir jusqu'à eux le bon livre, ne connaîtront la religion que par les sophismes et les calomnies de l'impiété.

Enfin, dit-on, « le Divin Maître n'a pas écrit. »

Non, mais il a envoyé son Esprit, l'Esprit saint, pour dicter ce qu'il avait enseigné de vive voix.

Avant Jésus-Christ, les Prophètes ont parlé, et ils ont *écrit*.

Nous avons leurs épîtres. Nous avons l'Évangile.

Dans l'Évangile, nous retrouvons la parole du *Maître écrite.*

La *parole* de Dieu s'appelle aussi l'*Écriture.* Elle se nomme la *Bible*, le *Livre.*

Assez sur les objections. Venons aux difficultés pratiques.

Première difficulté : L'*argent*, c'est le nerf de la guerre, de celle qui se fait par la plume et par la presse autant que de celle qui se fait avec l'épée, et avec la poudre. Or, l'argent, où le prendre ?

— La recette est dans l'Évangile : *Date et dabitur vobis.* Donnez et on vous donnera ; donnez beaucoup et on vous donnera beaucoup. La mesure de votre libéralité sera la mesure de celle d'autrui.

N'eussiez-vous que quelques francs, aussitôt achetez quelques volumes et prêtez-les ; faites une provision de petits livres et de feuilles volantes, puis donnez, semez, prodiguez.

De l'argent ! Vous en trouvez pour les bons de pain. Sur ce fonds alimentaire, prélevez la dîme. L'âme a besoin de son pain, autant que le corps du sien. Au bon de pain vous joindrez le bon livre.

De l'argent ! Il vous en reste pour les jeux, dans les patronages, dans les cercles. Ici encore, prélevez la dîme. L'esprit et le cœur ont à la récréation qui leur convient, le même droit que le corps à ses exercices et à sa gymnastique.

De l'argent ! à côté de la bibliothèque gratuite ouvrez la bibliothèque payante. Il est des riches qui ne savent pas tout ; il est des riches qui s'ennuient à ne rien faire. Offrez-leur des livres où ils puissent se distraire et s'instruire. La fortune leur permet de vous offrir en retour quelque aumône ; la dignité le leur commande, la charité leur en fait un devoir.

Quoiqu'il advienne, commencez, allez de l'avant, l'argent suivra.

Seconde difficulté. *Les Agents*. Où sont les personnes intelligentes, libres de leur temps, dévouées, zélées qui puissent et qui veuillent tenir la bibliothèque, répandre les petits livres, les feuilles volantes et les journaux ?

— Des agents ! vous en trouvez pour visiter les pauvres, pour organiser des fêtes, pour servir et entretenir les jeux. Parmi tant de zélateurs, il ne s'en trouverait pas un pour tenir la bibliothèque et pour la propagande !

Les agents ! Vous-même d'abord. Etes-vous curé, vicaire, prêtre libre, membre de la conférence de Saint-Vincent-de-Paul, d'un Comité Catholique, d'un cercle, d'un patronage ? Ayez sous la main quelques livres de bibliothèque, beaucoup de petits livres, des centaines de feuilles volantes, un ou plusieurs journaux populaires, hebdomadaires ou quotidiens.

Puis, 1° chaque fois que vous visitez un pauvre, une maison, prêtez quelque livre de lecture, donnez quelques imprimés religieux et moraux.

2° Chaque fois que vous faites quelque réunion : soit pour le catéchisme, soit pour l'assemblée ordinaire ou extraordinaire du patronage, du cercle, ou toute autre, distribuez à tous les assistants des feuilles ou des petits livres.

3° Cherchez une ou plusieurs personnes, quelque femme pieuse et charitable, par exemple, et remettez-lui quelques bons journaux à prêter, quelques petits livres et feuilles volantes à donner.

Mais des exemples seront plus éloquents, plus efficaces et plus pratiques.

Exemples pratiques de propagande

Dans la ville de M*** chaque semaine la loge maçonnique répandait plus de cent livres impies, sans parler des publications protestantes. De zélés catholiques se sont mis à faire circuler des livres religieux et ils sont parvenus à en distribuer cinq à six cents par semaine. Par ce moyen, les lectures malsaines ont été bannies de nombreux foyers.

On cite des hommes qui passaient le dimanche au café, et qui maintenant le passent en famille, trouvant dans la lecture des bons livres une satisfaction qu'ils ne trouvaient pas dans leurs excès.

— Dans une seule ville, la distribution des bons journaux, cédés par les abonnés aussitôt après avoir été lus, a suffi en quelques mois pour amener cent buvettes ou cabarets à cesser leurs abonnements aux mauvais journaux.

— Dans un département peu religieux on a réussi à fonder et à propager un petit journal de 5 centimes le numéro qui en coûte 7 à l'administration. Le déficit à combler chaque année est de 4000 fr. environ. Mais la bonne volonté et la générosité parviennent à le couvrir.

Dans un canton de 40 communes, on a fait des dépôts de 40, 50, 80 numéros de ce journal. Tous sont vendus chaque dimanche.

Les hommes irréligieux l'achètent comme les autres. La 4º page est une mercuriale très-complète du marché. Aussi la dernière page est lue la première.

Mais le lundi, le mardi, on revient à la 1ʳᵉ, à la 2ᵉ, à la 3ᵉ page, et on y rencontre d'excellentes vérités religieuses, morales, sociales, économiques.

Dans un tiers du département il s'en vend le dimanche, soit par les dépôts, soit par les abonnements, cinq mille numéros.

Multipliez ce chiffre par 3 pour chaque département, et ensuite par le nombre des départements de la France, quel résultat n'obtiendrait-on pas ?

Mais non : on laisse à la maçonnerie le monopole du zèle, de l'activité, de l'organisation !

« Sachez, m'écrivait l'homme dévoué qui m'a com-
« muniqué ces notes, qu'en conservant toute sa di-
« gnité, on peut, comme nous l'avons fait, entrer dans
« les cafés, les cabarets, chez les instituteurs, les com-
« merçants, les gros fermiers, et jusque chez les
« chefs radicaux. Tous, même ces derniers, nous ont
« fait bon accueil. Nous avons gagné leur estime. No-
« tre visite les a stupéfiés d'abord, puis, quand deux
« mois après ils reçurent notre seconde visite, ils nous
« accueillirent en amis, et ouvrirent leurs bourses
« pour des abonnements. »

Dans un chef-lieu de canton, un petit commerçant
qui vend le *Rappel*, la *Cloche*, etc. pour 10 à 12 fr. de
bénéfice par an, vend 80 numéros de notre journal chaque dimanche.

Combien d'honnêtes propriétaires qui regardent
avec terreur le flot révolutionnaire montant sans cesse
et qui restent là, les bras croisés, la bouche béante,
sans rien faire, sans rien dire et qui pourraient si fa-
cilement se faire les commis, les porteurs, ou du
moins les pourvoyeurs de la bonne presse !

— Un jour à Poitiers, trois enfants de la rue m'abor-
dent au moment où j'entrais dans une de nos maisons : Est-ce ici, me demande l'un d'eux, qu'on distri-
bue des livres de religion ? — L'idée, je l'avoue, ne
m'était pas venue de donner aux petits garçons qui
passent le temps à jouer dans les rues, des livres de religion, mais elle me vint *ex ore infantium*. Non, ré-
pondis-je, ce n'est pas ici. Mais demain, à telle heure,
présentez-vous à telle rue, tel numéro, et demandez
le Père qui donne des livres de religion, c'est moi, je
vous en donnerai. — Je comptais peu sur leur exacti-
tude. Toutefois je me munis de petits livres pour être
prêt à tout évènement. Le lendemain, à l'heure dite,
ils étaient au rendez-vous, non pas trois, mais cinq.
Je leur prêtai à chacun un petit livre historique et re-

ligieux, et je leur en promis un autre s'ils me rapportaient celui que je leur prêtais. Je pris leurs noms et leur adresse. Dès le lendemain ils revinrent, mais ils étaient dix. Au bout de quelques jours, ils vinrent jusqu'à cinquante à la fois. Un jour même j'en comptai 80.

D'abord je ne risquais que de petits livres. Puis je distinguai des enfants raisonnables de 12 et de 15 ans. Je prêtai à ceux-ci des livres plus importants.

Souvent, quand je passais dans les rues, je voyais mes livres aux mains des parents, petits commerçants ou artisans, qui lisaient à l'entrée de la boutique ou de l'atelier.

Ces livres pénétraient dans les écoles, et jusque dans le Lycée où, grâce à des confiscations provoquées à dessein, plus d'un livre de religion est parvenu sous les yeux du professeur universitaire.

En moins de quatre mois nos volumes avaient circulé entre les mains de plus de quatre mille lecteurs.

— Je me rendais à Paris. A Chartres, le compartiment se compléta par l'entrée de deux Messieurs dont l'un tenait en main l'*Intransigeant*. Comment vont les conférences, demanda l'un des deux? — Pas trop mal, répondit l'autre, elles se font toutes les semaines et le peuple les suit. — Et la bibliothèque? — Elle s'ouvre tous les soirs de huit à neuf heures. Nos hommes y sont pour distribuer. Les lecteurs abondent. — Et les journaux? — Nous avons des correspondants dans toutes les communes du département; tous les soirs, on leur expédie les journaux qui conviennent. Il est tel correspondant qui, dans sa petite localité, en place jusqu'à dix ou douze.

Et je me disais : Voilà comment les ennemis de la religion savent s'organiser ! Voilà comment ils savent trouver pour la propagande impie et de l'argent et des hommes !

Et nos bons chrétiens et nos bonnes chrétiennes, que font-ils et que font-elles ?

Venons au détail.

Bibliothèques roulantes

L'Œuvre des campagnes du Mans offre à MM. les curés, ou même à toute autre personne zélée, une ou plusieurs bibliothèques composées chacune de vingt-cinq volumes qui sont prêtés pour un an.

Si les livres sont lus avant ce terme, la bibliothèque peut être remplacée plus tôt. Si au contraire ils ne sont pas encore lus à l'expiration de l'année, on peut obtenir la permission de les garder plus long-temps.

La bibliothèque roulante offre sur la bibliothèque permanente un double avantage.

1° Lorsque tous les livres de celle-ci ont été lus par tous les lecteurs de la paroisse, ils deviennent à peu près inutiles, au lieu que les livres de la bibliothèque roulante, une fois lus, sont remplacés, sans frais, par des livres nouveaux.

2° Ce procédé permet à l'œuvre qui fournit les livres, le moyen d'économiser ses ressources, et de procurer des bibliothèques à un bien plus grand nombre de localités.

L'Œuvre des campagnes a lancé ainsi vingt-deux bibliothèques, soit cinq cent cinquante volumes.

Revues et Journaux

Premier mode de propagande. — Abonner directement les personnes ou les maisons que vous désirez atteindre. Ayez soin de faire mettre sur la bande : *Abonnement gratuit.* Sans cette précaution, la crainte d'avoir à payer ferait retourner le journal.

Second mode. — Obtenez de la charité des abonnés aux bons journaux qu'ils consentent à céder leur feuille le soir ou le lendemain du jour de la réception.

Trouvez une ou plusieurs personnes qui, à l'heure convenue, prendront à domicile les journaux promis et les porteront aux adresses indiquées.

Observation importante pour certaines localités.

Dans cette distribution, la main du prêtre, du noble, du magistrat, du riche, doit disparaître. L'ouvrier et le paysan se défieraient.

Choisissez donc des personnes appartenant à la classe moyenne qui exciteront moins les susceptibilités.

Pour éviter les tracasseries et surtout pour ne pas offusquer les préjugés de certaines personnes qui supposent toujours des intérêts politiques là où il n'est question que des intérêts religieux et moraux, laissez à d'autres la propagande des revues, journaux et brochures dont le but est directement et principalement politique.

Mais quels sont les endroits où l'on devra surtout s'efforcer de faire pénétrer les journaux, revues, brochures ?

Choisissez de préférence les maisons qui sont les plus fréquentées :

Tels les ateliers, les usines, les magasins, les boutiques de mercerie, d'épicerie, les salons de coiffure, les hôtels, les cafés, les buvettes.

NOTE DE M. HARDOUIN-DUPARC

Sur la propagande faite par le Comité Catholique pendant l'année 1882-1883.

« Le Comité a continué l'envoi gratuit de journaux hebdomadaires à l'adresse des personnes qui, après renseignements pris, sont supposées bénéficier ou faire bénéficier leurs clients, voisins ou connaissances, des journaux expédiés.

« Ces envois hebdomadaires sont actuellement de sept cent cinquante journaux, qui sont : *Le Pèlerin, La Lanterne d'Arlequin, Le Maine, Le Petit Courrier Manceau, Le Paysan.*

« Dans peu de temps, ce nombre va être porté à près de mille par suite de nouveaux renseignements obtenus de très obligeants correspondants.

« Ces mille feuilles pénétreront dans près de trois cents communes du département.

« La propagande des Almanachs a toujours semblé une des plus utiles et même des plus nécessaires. — Ce petit livre, en effet, peut-être offert aux enfants et aux grandes personnes. Consulté presque chaque jour par les uns ou par les autres, il constitue pour beaucoup une propagande presque continuelle.

« Cette année, le Comité catholique a procuré à prix réduit, aux personnes qui ont bien voulu lui servir d'intermédiaires dans cette diffusion, 1850 almanachs historique et patriotique ; 2.435 almanachs du Laboureur ; 2.003 almanachs de l'Atelier ; 2.165 almanachs du Soldat ; 900 almanachs des Campagnes, et 70 almanachs du Pèlerin, en tout : 9.423 almanachs. »

Revues populaires.

L'Ami des Campagnes.
Le Clocher.
La France Illustrée.
La Gazette des Campagnes.
Le Messager de la Semaine.
Les Missions Catholiques.
L'Ouvrier.
Le Pèlerin.
Les Petites Lectures.
Revue de la Presse.
La Semaine des Familles.
Les Veillées des Chaumières.

Revues pieuses

Annales de l'Archiconfrérie de N.-D. des Victoires.
Annales de N.-D. de Lourdes.
Annales du Culte de S. Joseph.
Bulletin de l'Association de S. François de Sales.
Bulletin du Vœu National.
Le Dimanche Catholique.
Le Messager de S. Joseph.
Le Messager du Cœur de Jésus.
Le Petit Messager du Cœur de Marie.

Feuilles volantes, Tracts, Petits livres,

L'idée est simple, comme tout ce qui est grand. On résume en quelques pages quelques vérités utiles déguisées le plus souvent sous la forme d'un exemple, d'un trait historique. Religion, morale, histoire, tout est réduit en papier monnaie, puis distribué, semé, jeté même à profusion.

Voici quelques-uns des procédés de la propagande.

1. A la fin des réunions, au cercle, à la conférence, au patronage, au catéchisme, une feuille est distribuée à chaque assistant avec invitation de lire et de faire lire. — Pour ne pas s'exposer à redonner une autre fois aux mêmes personnes une feuille qu'elles auraient déjà reçue, on offre la même feuille à tous ceux qui sont présents.

2. Là où on le peut sans compromettre l'instituteur ou l'institutrice, on s'entend avec eux. Chaque samedi on leur envoie un nombre de feuilles proportionné à celui des élèves. Chaque enfant reçoit une petite feuille volante, avec recommandation de la montrer aux parents. C'est un petit sermon qui entrera dans une famille dont pas un membre peut-être n'assistera au prône du dimanche; c'est un rayon de lumière qui

pénètre dans cette maison dont les habitants demeurent assis au sein des ténèbres.

3. Avisez un atelier, une usine, un magasin, et par la médiation de quelque personne prudente, mais entreprenante, faites-y arriver les petites feuilles d'abord, puis les petits livres.

L'ouvrier redoute et repousse moins qu'on ne le pense la parole religieuse.

Près de la ville d'A... se trouvent des carrières d'ardoises qui, au point de vue chrétien, jouissent d'une triste célébrité. Quelqu'un essaya d'offrir des médailles aux enfants qui fourmillent dans ces carrières. Des médailles, on vint aux images ; après les images, on présenta les feuilles imprimées.

Les ouvriers regardaient, puis ils appelaient les enfants et se faisaient donner la feuille. Peu à peu, ces hommes de pierre et de fer se présentèrent eux-mêmes par groupes et par masses, réclamant les petits imprimés religieux.

4° Il en est qui, au moment où nul n'y prend garde, laissent tomber, ici et là, une feuille volante que le vent chasse aux pieds d'un passant, qui se baisse pour la ramasser.

D'autres oublient la feuille dans un wagon ou dans un omnibus.

On a vu des protestants et des francs-maçons jeter les imprimés par la fenêtre d'un wagon.

On a vu des catholiques en faire autant.

Conclusion

J'entends une voix grave, qui déplore la perte du grain jeté au hasard sur les routes, sur les pierres et dans les ronces, en d'autres termes, sur le chemin de fer, dans les rues, dans les carrières, dans les ateliers, dans les usines et les magasins, dont les buissons de ronces et d'épines sont une trop exacte figure.

— Eh bien ! Si la parabole fournit l'objection, elle offre aussi la réponse.

Le semeur c'est Dieu, c'est le Sauveur. La semence, c'est la grâce de Dieu, c'est sa parole : *Semen est verbum Dei*. Or, Dieu prodigue sa grâce, le Sauveur prodigue sa parole, et cela non-seulement à la multitude, au peuple, mais au scribes même et aux pharisiens, c'est-à-dire, à ceux qui non-seulement n'en profiteront pas, et il le sait, mais qui en abuseront, qui s'en offenseront, qui s'en irriteront, qui lui en feront un crime, et un crime qu'ils lui feront expier par la croix.

Il se peut que l'âme, chez l'homme du peuple, ressemble parfois au sol pierreux, au buisson d'épines. Mais assurément son cœur est moins endurci, moins rocailleux, moins épineux que celui du scribe et du pharisien, type funeste qui revit dans les bureaux d'une certaine presse, et dans les chaires de certains docteurs.

Semez-donc, et à l'exemple du semeur divin, semez partout : dans l'atélier et dans le salon, dans le magasin et dans le bureau, dans la rue et dans les assemblées.

Même au bord du grand chemin, même au milieu des pierres, même au sein des épines, il peut se rencontrer un coin de bonne terre, qui recevant un de vos grains, rendra trente, soixante, cent pour un.

Quelquefois, ce grain unique, cette feuille volante, comme le grain de sénevé, deviendra un grand arbre, et couvrira toute une région de son ombre salutaire.

Mais si nous tenons à un résultat général, si nous voulons produire un effet universel, il faut que nos traits tombent drus et serrés comme la grêle, que nos feuilles volent comme les nues et qu'elles se répandent comme le tourbillon. Il faut que les semeurs se nomment Légion.

Un gland, un seul, contient en germe une forêt capable de couvrir le globe ; mais à la condition que les glands issus de ce germe se multiplient au point de ne plus se compter.

A l'œuvre donc. Liguons-nous et croisons-nous. Si Jésus-Christ vous appelait, pour délivrer par l'épée son tombeau ou son vicaire, vous n'hésiteriez pas ; à l'exemple de vos pères, les anciens croisés, tous vous répondriez d'un seul cœur et d'une seule voix : Dieu le veut : Marchons, combattons, mourons sous l'étendard de la croix.

Si Néron ou Julien vous proposaient le choix entre l'apostasie et la mort, vous répondriez d'un seul cœur et d'une seule voix : Plutôt mourir que de trahir la foi que nous avons jurée à Jésus, notre Dieu et notre Roi. Demain nous serons ses martyrs.

Eh bien ! soldats et martyrs de Jésus-Christ, à cette heure, votre Dieu et votre Roi ne vous demande pas encore votre sang. Il vous appelle seulement à la croisade contre l'erreur et contre le vice.

Dans cette lutte, le fer de l'épée est remplacé par le fer de la plume, le bon livre et la bonne feuille font l'office du canon et de la mitraille.

Convenez-en, dans un combat de ce genre la peur devient sans excuse.

Courage donc ! *Si labor terret, merces invitet.* Si le travail effraie, écoutez la récompense.

Lorsque le prophète Daniel annonça la grande bataille, qui doit clore en ce monde la lutte entre le bien et le mal, il déclara que les doctes brilleront de l'éclat du firmament et que ceux qui auront enseigné la justice à la multitude, resplendiront dans l'éternité comme les astres des cieux. (Daniel, XII, 3.)

Le Mans. — Impr. Leguicheux-Gallienne.